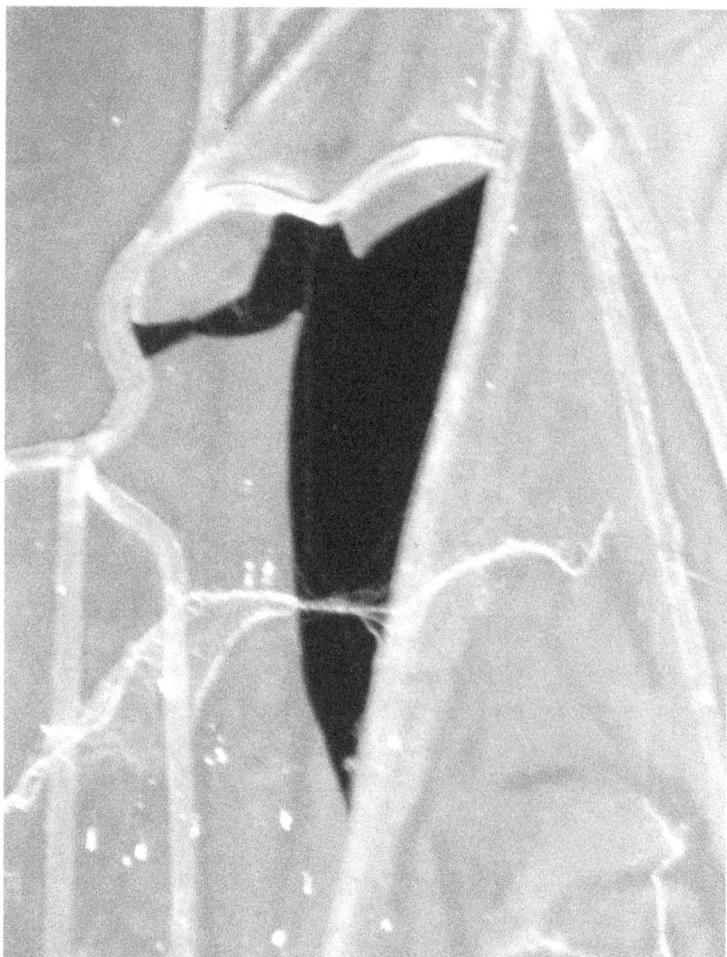

Les touristes
Tuent plus
que les terroristes

Bonus : photos de Sylvia Pinel,
ministre du Tourisme

Du même auteur*

Certaines œuvres sont connues sous différents titres.

Romans

Le Roman de la révolution numérique
Ils ne sont pas intervenus (Peut-être un roman autobiographique)
La Faute à Souchon
Quand les familles sans toit sont entrées dans les maisons fermées
Liberté j'ignorais tant de Toi
Viré, viré, viré, même viré du Rmi !

Théâtre

Neuf femmes et la star
Les secrets de maître Pierre, notaire de campagne
Ça magouille aux assurances
Chanteur, écrivain : même cirque
Deux sœurs et un contrôle fiscal
Amour, sud et chansons
Pourquoi est-il venu :
Aventures d'écrivains régionaux
Avant les élections présidentielles
Scènes de campagne, scènes du Quercy
Blaise Pascal serait webmaster
Trois femmes et un Amour
J'avais 25 ans
« Révélations » sur « les apparitions d'Astaffort » Brel Cabrel

Théâtre pour troupes d'enfants

La fille aux 200 doudous
Les filles en profitent
Révélations sur la disparition du père Noël
Le lion l'autruche et le renard,
Mertilou prépare l'été

* extrait du catalogue, voir page 43

4

Stéphane Ternoise

Les touristes
Tuent plus
que les terroristes

Bonus : photos de Sylvia Pinel,
ministre du Tourisme

Sortie numérique : 1ᵉʳ juillet 2013

Jean-Luc PETIT Editeur
collection Textes courts

Stéphane Ternoise versant commentaires :

http://www.commentaire.info

Tout simplement et logiquement !

Site officiel : http://www.ecrivain.pro

© Jean-Luc PETIT - BP 17 - 46800 Montcuq – France

Stéphane Ternoise

Les touristes
Tuent plus
que les terroristes

Bonus : photos de Sylvia Pinel, ministre du Tourisme

Exact, cher voisin mais la formulation est inacceptable ! Le tourisme est trop important pour notre pays ! Ce sont des millions et des millions d'emplois... Non, madame Pinel Sylvia ne m'a pas répondu ainsi ! Heureusement, en France, les attentats restent exceptionnels et suscitent à chaque fois une vive émotion. Heureusement, en France, le nombre de victimes humaines sur les routes diminue. Jusqu'en 1990, chaque année, les routes françaises supprimaient 10 000 membres de la population humaine ; depuis 2010 cette hécatombe est tombée sous la barre des 4 000. Ce qui reste énorme. Le tourisme n'est pas responsable de l'ensemble de ces morts. Certains sont tués par des conducteurs qui se rendent à leur travail, à la boulangerie, sortent d'une discothèque...

Déposé en août 2005 à la sacem, *Touristes et terroristes* n'a pas trouvé sa voix musicale et suscite peu de réactions. Même Sylvia Pinel qui dans un sud-ouest "normal" aurait dû grandir informée de mes créations n'y a jamais réagi. Son entourage témoigna même de sa totale ignorance en me demandant, lors de sa visite à Montaigu de Quercy, si j'étais de la *Dépêche du Midi* ! Ce fut très drôle ! Ministre déléguée à l'Artisanat, au Commerce et au Tourisme, elle visitait sa circonscription et fut récompensée, à moins de 35 ans, d'un vrai portefeuille de ministre après avoir affronté et battu la candidate du Front National au second tour. Trop pressée, elle n'avait pu répondu aux questions... Il faut toujours photographier des ministres.
Quelques textes destinés à la chanson "engagée", des réflexions et des photos pour les fans, ou l'histoire, ou Jean-Michel Baylet.
Déjà Renaud, le chanteur alors impertinent, avait remarqué "*la télé c'est très dangereux. Et le football aussi un peu...*" Le tourisme, c'est pire !

Stéphane Ternoise
Ecrivain lotois et même auteur de chansons
http://www.lotois.fr

Touristes et terroristes

Nullement l'intention de jouer les alarmistes
Perturber les nuits des juilletistes
Naturellement les journalistes
Ne peuvent s'habiller en polémistes
Les touristes tuent bien plus que les
terroristes

Les touristes
Tuent bien plus que les terroristes
Hécatombe
On vend de véritables bombes
Chez les garagistes
On vend de véritables bombes
Et les médias
Vivent de ces pubs-là
Les touristes
Tuent bien plus que les terroristes

Le conseil général est fier de financer
Les guillotines départementales
Pendant ce temps-là les voies ferrées
Valent guère plus que le prix de la ferraille
Inciter au danger et à tout polluer

Les touristes
Tuent bien plus que les terroristes
Hécatombe
On vend de véritables bombes
Chez les garagistes
On vend de véritables bombes

Et les médias
Vivent de ces pubs-là
Les touristes
Tuent bien plus que les terroristes

Il est encore plus dangereux de prendre son
vélo
Que de s'engouffrer dans le métro
Même si pour faire la une des journaux
Faut du sang partout sur les carreaux
Les touristes tuent bien plus que les
terroristes

Les touristes
Tuent bien plus que les terroristes
Hécatombe
On vend de véritables bombes
Chez les garagistes
On vend de véritables bombes
Et les médias
Vivent de ces pubs-là
Les touristes
Tuent bien plus que les terroristes

Naturellement, la voiture est plus rentable que
le train... car la société française a décidé de
subventionner le trafic routier, par exemple en
passant sur le budget de la nation l'entretien
des routes, les conséquences des pollutions...

Dans les campagnes, impossible de tenir sans voiture : ni gare ni bus.

On a également fait croire que la voiture donnait un statut social à son heureux possesseur. Plus c'est gros, plus ça va vite, plus important tu es !

La France doit tout faire pour accueillir les touristes. Vive le tourisme : quand on n'a pas d'idées, il faut vendre son corps, enfin son décor...

Vacances et pleins d'essence

Bien sûr ils s'autoproclament écologistes
Mais les vacances c'est les vacances
Alors ils passent chez le garagiste
Tout vérifier c'est ça l'urgence

Vacances et pleins d'essence
On veut tous nos vacances
C'est la grande transhumance
Vacances et pleins d'essence
Il faut rouler rouler rouler
Visiter visiter
Tout c'qu'on pourra raconter

Comme les raffineurs se moquent de leurs
arguments
Et que les caissiers sont salariés
Ils râlent contre le gouvernement
Voudraient le carburant détaxé

Vacances et pleins d'essence
On veut tous nos vacances
C'est la grande transhumance
Vacances et pleins d'essence
Il faut rouler rouler rouler
Visiter visiter
Tout c'qu'on pourra raconter

Tellement de déplacements inutiles
Au grand nom de la distraction
Ils foncent de ville en ville
Bien sûr maudiront les bouchons
Vacances et pleins d'essence

On veut tous nos vacances
C'est la grande transhumance
Vacances et pleins d'essence
Il faut rouler rouler rouler
Visiter visiter
Tout c'qu'on pourra raconter

Depuis que les vacances sont l'opium des classes moyennes
Réclament pouvoir d'achat et temps
Tous les mois voudraient que ça revienne
Quel beau modèle cet Occident

Vacances et pleins d'essence
On veut tous nos vacances
C'est la grande transhumance
Vacances et pleins d'essence
Il faut rouler rouler rouler
Visiter visiter
Tout c'qu'on pourra raconter

Les déplacements inutiles... j'ai même vu des vacanciers prendre leur voiture pour descendre les poubelles à cinq cents mètres. Mais le matin, ils font leur jogging !
Les déplacements inutiles participent naturellement de la grande distraction. On ne peut pas toujours rester devant la télévision !

Démonter les lignes de chemin de fer désertées (comme le Conseil Général du Lot de Gérard Miquel l'envisage, naturellement après avis de "spécialistes") c'est s'interdire la possibilité du retour au rail...

Voyager tue

Marcher dans ces rues
Est conseillé
Par l'industrie touristique
Pourtant sur l'échelle des risques
C'est comme se griller
Un maudit paquet de « fumer tue »

C'est pas demain la veille
Qu'on lira sur les pubs des villes
« Venir ici tue »
Voyagerais-tu
Si tu savais
Que voyager tue ?

L'image d'un pays
Dit touristique
D'une certaine qualité de vie
Tellement d'emplois sont en jeu
Que mentir un peu
Est dans la logique économique

C'est pas demain la veille
Qu'on lira sur les pubs des villes
« Venir ici tue »
Voyagerais-tu
Si tu savais
Que voyager tue ?

Marcher dans ces rues
Est conseillé
Par l'industrie touristique

Pourtant sur l'échelle des risques
C'est comme se griller
Un maudit paquet de « fumer tue »

C'est pas demain la veille
Qu'on lira sur les pubs des villes
« Venir ici tue »
Voyagerais-tu
Si tu savais
Que voyager tue ?

Hé oui, les endroits à touristes sont rapidement pollués. Venez vivre à la campagne, venez vous y impliquer et non consommer la nature, les sentiers...

On laisse détruire l'indispensable

On veut du gaz et du pétrole
Il faut qu'elles roulent nos bagnoles
Il faut bien se chauffer l'hiver
Et que l'économie soit prospère

Pour tout c'qu'on croit nécessaire
On laisse détruire l'indispensable
On sacrifie même la terre
Pour des plaisirs disons minables

On veut des fruits qui s'exposent
Aussi beaux qu'les bouquets de roses
Les pesticides feront l'affaire
On sait qu'les nitrates nourrissent la terre

Pour tout c'qu'on croit nécessaire
On laisse détruire l'indispensable
On sacrifie même la terre
Pour des plaisirs disons minables

En hiver on veut des tomates
Faut qu'les fraises soient écarlates
On veut skier dans le désert
Noël et son conifère bien vert

Pour tout c'qu'on croit nécessaire
On laisse détruire l'indispensable
On sacrifie même la terre
Pour des plaisirs disons minables

Ce texte fut mis en musique par David Walter et figure dans l'album "*Vivre autrement (après les ruine)*" disponible depuis le 22 mai 2013. http://www.chansons.org

Vive la pollution !

C'est super bon pour l'économie, la pollution
Après y'a des maladies
Et nous les soignons
Après y'a des agonies
Et nous les enterrons
N'ayez aucun souci
De tout nous nous occupons

C'est super bon pour l'économie, la pollution
Y'a des manifestations
Ça brûle et ça casse
Quelques belles déclarations
Faut qu'les gens s'y fassent
Nous nettoyons réparons
Et ainsi tout recommence

Naturellement nous avons vocation
À servir toutes les nations
Naturellement nous offrons de belles
commissions
Aux braves élus favorables à nos ambitions

C'est super bon pour l'économie, la pollution
Après faut dépolluer
Ça fait du travail
Pour qui sait dépolluer
Travaux pour nos filiales
À nous les subventions
Au nom de la dépollution

Nous avons su nous rendre indispensables
Santé eau air énergie
Sont nos compétences les plus présentables
rentables
Telles les fourmis nous prospérons sans faire
de bruit

C'est super bon pour l'économie, la pollution
Après y'a des maladies
Et nous les soignons
Après y'a des agonies
Et nous les enterrons
N'ayez aucun souci
De tout nous nous occupons

L'argument de rentabilité économique prévalait pour l'amiante. De la même manière l'industrie du téléphone portable et celles du pétrole dominent le monde. Quand le Qatar et son pétrole rachètent nos clubs de football, nos médias et éditeurs (12% chez Lagardère en 2013), Orange semble tout-puissant en Afrique... L'argument de rentabilité économique semble ignorer celui de la vie harmonieuse des humains, donnée non quantifiable, difficilement cotable en bourse.

Les tortionnaires de la terre

Leur a fallu des ministères
Pour comprendre qu'on a une seule terre
Si on les laisse faire leurs affaires
Faut stériliser les enfants

Faut pas nous prendre pour des Drucker
Nous caresser comme des cockers
Vos discours sur l'environnement
Ce ne sont que des boniments

Salut à vous les tortionnaires
Les tortionnaires de la Terre
Vous avez dévoré nos sols, contaminé diaboliquement

OK pour une journée d'la Terre
Répertoriez donc son calvaire
Pour la toussaint d'la mer photographiez le cimetière géant

La fonte des glaciers s'accélère
Et prolifèrent les cancers
Tandis qu'les brigands de pollueurs offrent à leurs maîtresses des diamants

Les vaches sont leur bouc-émissaire
Leur digestion pas exemplaire
Même devant les bouleversements ils contestent l'évident

Salut à vous les tortionnaires
On ne va plus se laisser faire
S'il le faut on sera violent, on piss'ra sur les arrogants

19

OK pour une journée d'la Terre
Mais sans Kouchner sur France-Inter
Occident c'est pas un accident si y'a plus de
printemps

Faut-il donner aux pères aux mères
Des utopies très mensongères
Pour qu'ils cachent à leurs enfants que le futur
est effrayant ?

Parlementaires et hommes d'affaires
Je vous méprise sans colère
Vous avez trahi l'Humanité, vous n'êtes plus
que morts-vivants

La terre n'est plus qu'un grabataire
Paradis fragile comme du verre
Mais elle peut détruire les tarés dans un
ultime enlisement

Et si l'on se prenait pour Voltaire
Qu'on essayait de sauver la terre
Qu'on renversait le gouvernement, guitare ciel
bleu et rantanplan

Compositeur : Jean-Luc Deront (Blondin)
Arrangeur : Yannick Tanga (Vita)

Cette chanson figure dans l'album "*Vivre*
autrement (après les ruine)" disponible depuis
le 22 mai 2013. http://www.chansons.org

La décroissance

Même dans verre géant
Quand l'eau tombe goutte à goutte
Elle va déborder ça aucun doute
C'est juste une question de temps

Croissance illimitée
Dans un monde limité
On a beau éviter d'y penser
On sait qu'ça va déborder

La décroissance
C'est la dernière chance
Mais la décroissance
Ça ne plaît pas ici-bas
Confort à outrance
Ça plaît pas aux électeurs
Donc c'est tous en chœur :
« vive la croissance »
« viva la croissance »

C'est au nom d'un peu d'joie
Qu'on grille notre capital
C'est d'la bêtise caricaturale
Pauvre planète aux abois

Deux mille chaînes de télé
Mais plus d'air respirable
Pour trouver de l'eau buvable
Faudra en décongeler

La décroissance
C'est la dernière chance

21

Mais la décroissance
Ça plaît pas ici-bas
Confort à outrance
Ça plaît pas aux électeurs
Donc c'est tous en chœur :
« vive la croissance »
« viva la croissance »

Mondialement, l'idée de décroissance est inapplicable : les occidentaux doivent accepter qu'après des siècles de dominations et abus, les ressources de la terre doivent profiter à l'ensemble des terriens.

Le niveau de vie atteint en France permettrait une réelle réflexion sur les besoins humains. Malheureusement, le combat est engagé : les plus riches souhaitent devenir toujours plus riches quand le reste de la population doit lutter pour ne pas tomber sous le seuil de pauvreté...

Chaque année, les routes réduisent la population humaine mondiale de plus d'un million. http://www.morts.info

L'Organisation mondiale de la santé (OMS) demande *« une volonté politique au plus haut niveau pour garantir une législation sur la sécurité routière adaptée et respectée par tous. »*

Les chiffres peuvent sembler "sur la bonne voie" : cette mortalité s'est stabilisée depuis 2007, quand le nombre de voitures a progressé sur notre planète.

Sylvia Pinel

Sylvia Pinel, un exemple pour la jeunesse française ?

Une belle histoire de la promotion par le travail, par le talent ?

Sylvia Pinel, députée de Tarn-et-Garonne depuis le 17 juin 2007, devenue ministre de l'Artisanat, du Commerce et du Tourisme à moins de 35 ans, en juin 2012.

Faites comme Sylvia Pinel, et arrêtez de critiquer "le système" ?

Si une fille d'agriculteurs (éleveurs bovins selon la terminologie biographique) peut devenir ministre du Tourisme à moins de 35 ans, c'est que l'ascenseur social fonctionne !

Faire comme Sylvia Pinel ?

Certes, tout le monde ne peut pas être introduit par Jean-Michel Baylet sur les terres du PRG. Non, ce n'est pas une pelouse, les terres du PRG, ce n'est pas du football le PRG, c'est le Parti Radical de Gauche, plutôt implanté où le *Dépêche du Midi* informe les électrices et électeurs, un parti ouvert où Robert Hersant et Bernard Tapie débutèrent en politique.

Sylvia Pinel, après un premier contrat de chargée de mission (2002-2004) est passée chef de cabinet (2004-2007) du président du conseil général de Tarn-et-Garonne, également patron de la *Dépêche du Midi*. Double casquette légale. Il semble même que des associations peuvent recevoir des subventions du département et acheter de la publicité dans le quotidien.

Son élection du 17 juin 2007, députée de la deuxième circonscription de Tarn-et-Garonne, fut contestée.

Bien que M. Jacques BRIAT la devança au premier tour, 37,51% contre 29,17%, madame Sylvia PINEL fut élue avec 50,71% des voix (26 811) contre 26 062 à son adversaire.

M. Jacques BRIAT déposa un recours devant le Conseil Constitutionnel, enregistré le 26 juin 2007. Sa décision du 17 janvier 2008 fut notifiée au président de l'Assemblée nationale et publiée au Journal officiel de la République française le 23 janvier. Siégeaient alors M. Jean-Louis DEBRÉ, Président, MM. Guy CANIVET, Jacques CHIRAC, Renaud DENOIX de SAINT MARC et Olivier DUTHEILLET de LAMOTHE, Mme Jacqueline de GUILLENCHMIDT, MM. Pierre JOXE et Jean-Louis PEZANT, Mme Dominique SCHNAPPER et M. Pierre STEINMETZ.

Vu la requête présentée pour M. Jacques BRIAT demeurant à Valence d'Agen (Tarn-et-Garonne), enregistrée le 26 juin 2007 au secrétariat général du Conseil constitutionnel et tendant à l'annulation des opérations électorales auxquelles il a été procédé les 10 et 17 juin 2007 dans la 2ème circonscription de ce département pour la désignation d'un député à l'Assemblée nationale ;

Vu le mémoire complémentaire présenté pour M. BRIAT, enregistré le 30 juillet 2007 ;

Vu le mémoire en défense présenté pour Mme Sylvia PINEL, député, enregistré le 3 septembre 2007 ;

Vu les nouveaux mémoires présentés pour M. BRIAT, enregistrés le 25 octobre et le 15 novembre 2007 ;

Vu les nouveaux mémoires présentés pour Mme PINEL, enregistrés le 31 octobre, le 14 novembre et le 17 décembre 2007 ;

Vu les observations complémentaires présentées pour M. BRIAT, enregistrées le 4 décembre et le 17 décembre 2007 ;

Vu les demandes d'audition présentées pour M. BRIAT et Mme PINEL ;

Vu la décision de la Commission nationale des comptes de campagne et des financements politiques en date du 11 octobre 2007 approuvant le compte de campagne de Mme PINEL ;

Vu les observations du ministre de l'intérieur,

de l'outre-mer et des collectivités territoriales, enregistrées le 31 octobre 2007 ;
Vu la Constitution, notamment son article 59 ;
Vu l'ordonnance n° 58-1067 du 7 novembre 1958 modifiée portant loi organique sur le Conseil constitutionnel ;
Vu le code électoral ;
Vu le règlement applicable à la procédure suivie devant le Conseil constitutionnel pour le contentieux de l'élection des députés et sénateurs ;
Vu les autres pièces produites et jointes au dossier ;
Les parties et leurs conseils ayant été entendus ;
Le rapporteur ayant été entendu ;

Je vous invite à consulter le JO, en ligne gratuitement, si le dossier vous passionne. Je me contente de reprendre (choix d'un chroniqueur dont vous acceptez la liberté de rendre compte, comme il l'entend, de sa consultation de documents sur Internet) :

- SUR LES GRIEFS RELATIFS A LA SINCÉRITÉ DU SCRUTIN :
1. Considérant que la presse écrite est libre de rendre compte, comme elle l'entend, de la campagne des différents candidats comme de prendre position en faveur de l'un d'eux ; que, dès lors, le grief tiré de ce que La Dépêche du

Midi aurait apporté son soutien à la candidate élue et n'aurait pas évoqué la campagne du requérant doit être écarté ;

2. Considérant que les propos rapportés par La Dépêche du Midi et que le requérant qualifie d'injurieux à son égard, pour les uns, ne sont pas imputables à la candidate proclamée élue et, pour les autres, n'excédaient pas les limites de la polémique électorale ;

- SUR LES GRIEFS RELATIFS AU FINANCEMENT DE LA CAMPAGNE DE MME PINEL :

5. Considérant que le requérant soutient que le conseil général du Tarn-et-Garonne a indûment pris en charge les déplacements électoraux de la candidate proclamée élue ; qu'il résulte de l'instruction que les déplacements critiqués ont été accomplis dans le cadre des obligations professionnelles de Mme PINEL en sa qualité de chef de cabinet du président du conseil général ; que, dès lors, le grief doit être écarté ;

7. Considérant que le requérant dénonce la participation de Mme PINEL, le 13 mai 2007, à une manifestation dénommée « la Route du pain », organisée chaque année par le conseil général pour la promotion d'une production locale ; que, toutefois, les circonstances selon lesquelles, d'une part, aucun autre candidat n'aurait été invité à y assister, d'autre part, le

président du conseil général aurait fait applaudir Mme PINEL au cours du repas, n'ont pas, à elles seules, donné un caractère électoral à cette manifestation ; que son organisation ne peut, dès lors, être regardée comme un concours en nature d'une personne morale prohibé par les dispositions de l'article L. 52-8 du code électoral ;

10. Considérant que le requérant fait valoir que, dans les mois précédant l'élection, Mme PINEL aurait assuré à temps complet la promotion de sa candidature alors qu'elle était rémunérée par le conseil général qui l'employait, ce qui constituerait une participation au financement de sa campagne ; que, si Mme PINEL a bénéficié du congé de 20 jours pour participer à la campagne électorale, prévu par l'article L. 122-24-1 du code du travail rendu applicable aux agents non titulaires des collectivités territoriales par l'article L. 122-24-3 du même code, il résulte des pièces produites par le conseil général que la durée de cette absence a été imputée sur celle des droits à congé payé annuel, comme le permet l'article L. 122-24-1 précité ; qu'il n'est dès lors pas établi que le nombre de jours de congés payés pris par Mme PINEL a excédé la limite des droits qu'elle avait acquis à ce titre à la date du premier tour de scrutin ; que, dès lors, le grief doit être écarté ;

Beaucoup de choses doivent être écartées... Il faut souvent écarter...

Dans *l'Express* du 19 octobre 2011, avec en couverture « *le vrai pouvoir de La Dépêche du Midi* » et une photo de M. Jean-Michel Baylet, un constat de M. Jacques BRIAT est mis en exergue « *Si l'information n'est pas dans* La Dépêche, *elle n'existe pas, ce sont les avantages d'un monopole.* » Mais même si le patron du PRG, celui de la Dépêche, et le Président du Conseil Général du Tarn-et-Garonne, c'est le même homme, il convient de conserver précieusement cette délibération du Conseil Constitutionnel pour l'opposer à toute personne qui oserait prétendre qu'il existe un problème démocratique dans la région : « *Considérant que la presse écrite est libre de rendre compte, comme elle l'entend, de la campagne des différents candidats comme de prendre position en faveur de l'un d'eux ; que, dès lors, le grief tiré de ce que La Dépêche du Midi aurait apporté son soutien à la candidate élue et n'aurait pas évoqué la campagne du requérant doit être écarté* »

Le rôle, la neutralité de leur Dépêche ? Le 15 mai 2007 Alain BAUTE avait lancé le bal « *Dans la seconde circonscription, Sylvia Pinel, candidate du rassemblement PS-PRG-MRC, (et son suppléant Jacques Moignard), partira avec le dossard 1, car première enregistrée hier matin.*

Elle sera opposée à Jacques Briat qui a rencontré beaucoup de difficultés pour trouver un(e) suppléant(e) et respecter ainsi la parité. Il se dit dans l'entourage de ce dernier qu'il repartirait par défaut avec Gilles Bénech (Montesquieu), après l'avoir écarté... »

Pourtant la victoire semble les avoir surpris et le résumé du 17 juin 2007 à 22:08 mérite un sourire : « *Investie par le PRG pour son premier combat électoral, alors qu'elle n'a pas encore fêté ses 30 ans, Sylvia Pinel a créé la surprise en emportant la 2e circonscription du Tarn-et-Garonne.*

Chef de cabinet de Jean-Michel Baylet, président du parti radical de gauche (PRG) et président du Conseil général de Tarn-et-Garonne, Sylvia Pinel est secrétaire nationale du PRG et secrétaire générale de la fédération départementale du Tarn-et-Garonne.

Elle a fait ses armes dans l'action citoyenne au sein de sa commune de Fabas (Tarn-et-Garonne) dont elle préside l'association communale de chasse. »

Ce dossier mériterait une analyse indépendante...

En 2012 sa réélection fut moins contestée. Au second tour, la ministre déléguée était opposée à Mme Marie-Claude DULAC du FN qui totalisa 20 417 voix, soit 22,86 % des inscrits et Mme Sylvia PINEL 30 445 voix, 34,09 % des inscrits (59,86% des exprimés). Cette montée du FN en principal opposant mériterait également une analyse, indépendante... [En 2007 le Front national était à 5,19 %, plus "l'Extrême-droite" à 0,67%.]

Entre temps, la "figure montante" a néanmoins raté une marche, les élections cantonales. Publiée le 25 mars 2011 dans son quotidien, une interview de Jean-Michel Baylet titrée : « *La vérité est dans les chiffres* » avec en plus de sa réélection dès le premier tour un triomphe quasi général de ses poulains « *Malheureusement le front national atteint un niveau qui peut effrayer, quand on sait les valeurs qu'il colporte.* »
Peut-être qu'une analyse, indépendante, remplacerait son « *Malheureusement* » par "logiquement"...

« - *Comment interprétez-vous ce vote à l'égard de vos candidats ?*
- *Dans tous les duels, les membres de la majorité départementale (PRG ou PS) arrivent largement en tête. Et en qualité de président*

du PRG je me félicite que tous les sortants Radicaux soient de ceux-là, dont deux ont été élus dès le premier tour. Il est clair que les résultats traduisent la volonté des Tarn-et-Garonnais de dire leur approbation des politiques et de l'action du conseil général. Certains tentent de faire croire le contraire mais la vérité est dans les chiffres. Toutefois je nourris un regret. Malgré un travail remarquable, notre candidate Sylvia Pinel n'arrive à Castelsarrasin qu'en seconde position.

- Comment vous expliquez-vous la situation ?

- Sylvia Pinel, notre candidate, est tombée dans un traquenard. Je suis sidéré par la campagne de calomnie et de mensonges à laquelle ont pris part certains de ses adversaires. Quant au candidat dissident, il faudra que l'on m'explique d'où viennent ses voix. On peut trouver la réponse en comparant le score de l'UMP avec les élections précédentes. C'est regrettable pour Castelsarrasin car Sylvia Pinel est une députée, ce qui constitue incontestablement un plus pour la ville ; De surcroît elle fait remarquablement son travail, et se tient de manière permanente à la disposition des populations. En tout cas, le poids du futur conseiller général de ce canton ne sera pas le même selon qu'il sera dans l'opposition ou dans la majorité départementale...»

Faut-il apporter une réponse au « *Quant au candidat dissident, il faudra que l'on m'explique d'où viennent ses voix* » ? Le second tour s'en est chargé. Après le bonheur d'avoir sorti François Bonhomme du Conseil Général, Alain Baute devait bien se résoudre à imprimer la vérité, sans insister sur le score de 35% mais en réutilisant le terme du patron « *Si à Castelsarrasin le traquenard tendu à Sylvia Pinel a fonctionné, force est de constater que dans tous les cantons les candidats qui se signalent en votant le budget du conseil général ou en ne s'y opposant pas ont tous été réélus, sauf un. À Grisolles, le sortant Jean-Marc Parienté (Parti Socialiste), battu Patrick Marty (Parti Socialiste), a fait les frais d'une primaire fratricide pour... 14 voix !* »

Sylvia Pinel, ministre du Tourisme, pour l'instant aucune voix ne semble demander sa démission, en arguant d'un possible conflit d'intérêt, le groupe la Dépêche du Midi étant propriétaire à 100% d'une agence de voyage "La Dépêche voyages", très présente dans la région. Jean-Michel Baylet occupa d'ailleurs des fonctions ministérielle proche, ministre délégué chargé du Tourisme, auprès du ministre de l'Industrie du 17 juillet 1990 au 15 mai 1991 et enchaîna comme ministre toujours délégué et chargé du Tourisme, mais

auprès du ministre de l'Équipement, dans le gouvernement d'Édith Cresson jusqu'au 2 avril 1992, avant de conclure au gouvernement suivant, celui de Pierre Bérégovoy, jusqu'au 29 mars 1993, ministre délégué, chargé du Tourisme revenu auprès du ministre de l'Industrie.
Voyages, voyages...

Quant à Renaud, il terminait "*J''ai Raté Téléfoot*" par
« *La moralité d'cette chanson*
Elle est super ah ouais je veux
C'est qu'la télé c'est très dangereux
Et le football aussi un peu... »
Mais je ne suis pas Renaud, http://www.jenesuispasrenaud.com

Livre peut-être complémentaire : *Interdire les voitures ? Le syndicat des animaux l'exige (Photos d'art trash versant animaux)*
http://www.publiable.com

Sylvia Pinel à Montaigu de Quercy

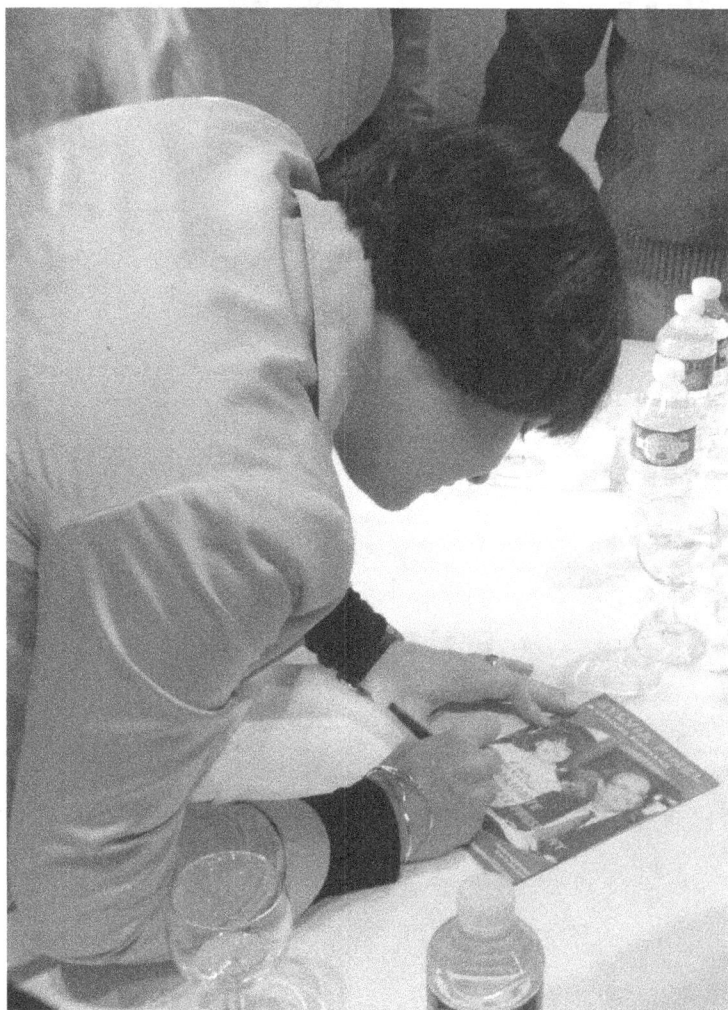

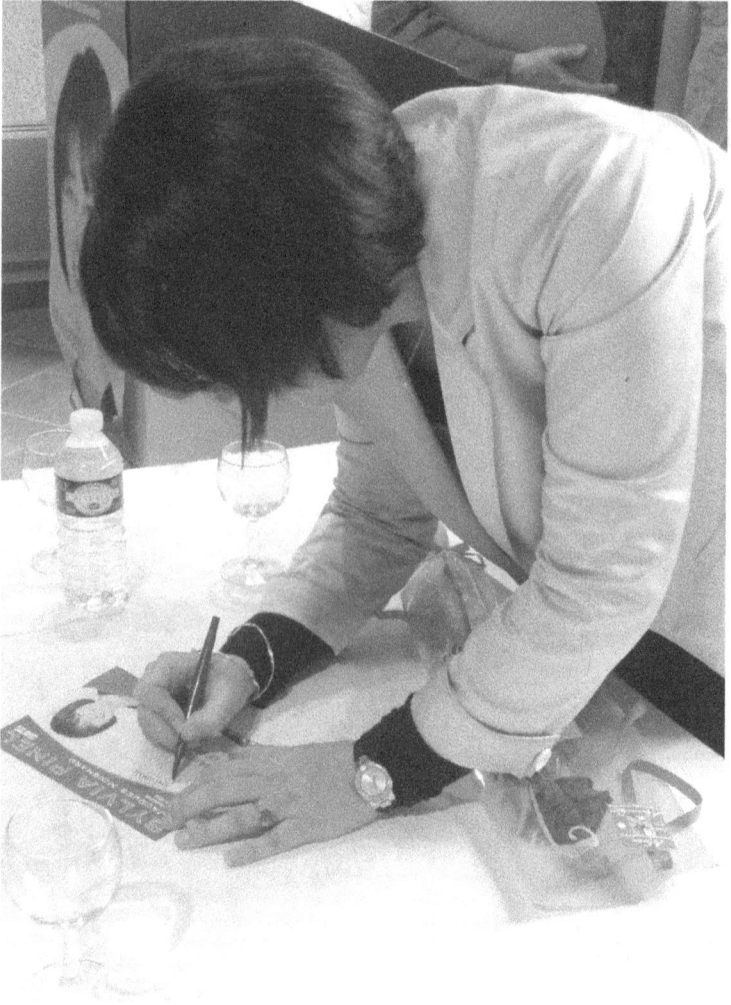

La charte de qualité de l'auteur indépendant

Il n'est même pas besoin d'exhiber quelques textes inutiles auto-édités pour dénigrer l'auto-édition, pratique accusée de mettre sur le marché les pires médiocrités agrémentées des fautes les plus élémentaires d'orthographe ou grammaire, parfois même avec un style d'élève en difficulté du CM1.

Il s'avère néanmoins sûrement exact que les livres vraiment auto-édités dans une démarche professionnelle (mon exclusion de "l'auto-édition réelle" des auteurs qui ne respectent pas un minimum la littérature a toujours dérangé les prétendues belles âmes du secteur pour qui « tout est littérature ») contiennent en moyenne plus de fautes que les livres des éditeurs "traditionnels".

Il ne s'agit pas forcément d'une question de qualité des auteurs mais de moyens. Même le passage par les correcteurs et correctrices professionnels ne permet pas de présenter des œuvres sans erreurs, qu'avant on appelait d'imprimerie. Mais depuis que l'imprimeur reprend un document PDF pour lancer l'impression, les éditeurs qui utilisent encore cet argument semblent miser sur la méconnaissance du grand public.

Monsieur Antoine Gallimard n'a pourtant pas de leçons de qualité à nous donner : la communauté des pirates du livre numérique s'était amusée à corriger l'ebook d'Alexi Jenni, *l'art français de la guerre*, prix Goncourt 2011. Après l'hypothèse de l'utilisation du document PDF imprimeur, mouliné par un logiciel de reconnaissance graphique pour fabriquer la version numérique, des lecteurs de la version papier ont informé le web que ces coquilles se trouvaient également dans leur épais bouquin.

La faculté de corriger rapidement sur l'ensemble du circuit de distribution un ebook constitue un avantage dont la portée ne semble guère avoir été analysée. Dans cette optique, j'ai décidé de récompenser les lectrices et lecteurs qui ne se contentent pas d'une moue de déception face aux erreurs mais les communiquent, en leur offrant un livre de leur choix du catalogue, trois formats disponibles (epub, pdf, amazon). Aucun papier offert ! Seule restriction, pour une question de taille des fichiers et vitesse de connexion à Internet d'un écrivain vivant à la campagne, ne pourront être envoyés que des ebooks dont la taille n'excédera pas cinq mégas, ce qui exclut les livres de photos (sauf ceux dont le PDF reste juste en dessous de la limite possible).

Naturellement, il ne vous faut pas réclamer ce livre ni envoyer les fautes constatées (réelles ! et non les choix comme mettre au pluriel un terme habituellement invariable ou reprendre une lettre d'un personnage dont les fautes d'orthographe constituent justement une caractéristique, ou même une libre violation des temps conseillés de conjugaison !) sur la plateforme d'achat mais à la page contact de www.ecrivain.pro en spécifiant le livre de votre choix, qui vous sera envoyé par mail après vérification des informations transmises.

Fautes réelles découvertes : un livre offert, l'engagement qualité de l'auto-édition.

Cette offre s'étend à l'ensemble de mon catalogue.

Stéphane Ternoise

À 25 ans, Stéphane Ternoise a quitté le confortable statut de cadre en informatique (qui plus est dans le douillet secteur des assurances), pour se confronter à son époque, essayer de vivre de sa plume en toute indépendance. Il redoutait de finir pantin d'un grand groupe où même les maisons historiques peuvent se retrouver avec Jean-Marie Messier ou Arnaud Lagardère comme grand patron. Stéphane Ternoise est auteur-éditeur depuis 1991, devenu spécialiste de l'auto-édition professionnelle en France. Il créa « logiquement » http://www.auto-edition.com en l'an 2000, une activité alors quasi absente du web !

Son éclairage sur l'univers de l'édition française a rapidement suscité quelques difficultés, dont une assignation au Tribunal de Grande Instance de Paris, en juin 2007, par une société pratiquant le compte d'auteur, finalement déboutée en septembre 2009.

Dans un relatif anonymat, avant la Révolution Numérique, l'auteur lotois a néanmoins réussi à publier 14 livres en papier, à continuer en vivant de peu. Depuis 2005, ses livres étaient également en vente, marginale, en version numérique. Il s'agissait d'abord de simples PDF.
L'auteur-éditeur a consacré l'année 2011 à la réalisation de son catalogue numérique, publiant ainsi ses pièces de théâtre, sketchs et textes de chansons en plus des romans, essais et recueils adaptés aux formats epub et Mobipocket Kindle...

La multiplication des questions et l'information approximative balancée sur de nombreux blogs par de néo-spécialistes de l'auto-édition autopublication, l'ont décidé à écrire sur cette révolution de l'ebook. Le guide l'auto-édition numérique est ainsi devenu son web best-seller !

Depuis octobre 2013, et son « identifiant fiscal aux États-Unis », son catalogue papier tend à rattraper celui en pixels. Il convient donc de nouveau d'aborder l'auteur sous le biais de l'œuvre. Ainsi, pour vous y retrouver, http://www.ecrivain.pro essaye de fournir une vue globale. Et chaque domaine bénéficie de sites au nom approprié :

http://www.romancier.org
http://www.parolier.org

http://www.essayiste.net

http://www.dramaturge.fr
http://www.lotois.fr

Vous pouvez légitimement vous demander pourquoi un auteur avec un tel catalogue ne bénéficie d'aucune visibilité dans les médias traditionnels. L'écriture est une chose, se faire des amis utiles une autre !

Catalogue

Romans : (http://www.romancier.org)
Le Roman de la révolution numérique également sous le titre *Un Amour béton*
Ils ne sont pas intervenus (le livre des conséquences) également sous le titre *Peut-être un roman autobiographique*
La Faute à Souchon ? également sous le titre *Le roman du show-biz et de la sagesse (Même les dolmens se brisent)*
Liberté, j'ignorais tant de Toi également sous le titre *Libertés d'avant l'an 2000*

Quand les familles sans toit sont entrées dans les maisons fermées
Viré, viré, viré, même viré du Rmi

Edition (http://www.auto-edition.com)
Le guide de l'auto-édition, papier et numérique
Le manifeste de l'auto-édition - Manifeste politico-littéraire pour la reconnaissance des écrivains indépendants et une saine concurrence entre les différentes formes d'édition
Écrivains, réveillez-vous ! **- La loi 2012-287 du 1er mars 2012 et autres somnifères**
Le livre numérique, fils de l'auto-édition
Réponses à monsieur Frédéric Beigbeder au sujet du Livre Numérique (Écrivains= moutons tondus ?)
Comment devenir écrivain ? Être écrivain ? (Écrire est-ce un vrai métier ? Une vocation ? Quelle formation ?...)
Copie privée, droit de prêt en bibliothèque : vous payez, nous ne touchons pas un centime - Quand la France organise la marginalisation des écrivains indépendants
Alertez Jack-Alain Léger !

Théâtre : (http://www.dramaturge.fr)
La baguette magique et les philosophes
Neuf femmes et la star
Avant les élections présidentielles
Les secrets de maître Pierre, notaire de campagne
Deux sœurs et un contrôle fiscal
Ça magouille aux assurances
Pourquoi est-il venu ?
Amour, sud et chansons
Blaise Pascal serait webmaster
Aventures d'écrivains régionaux
Trois femmes et un amour
Chanteur, écrivain : même cirque
J'avais 25 ans

« Révélations » sur « les apparitions d'Astaffort » Brel / Cabrel (les secrets de la grotte Mariette)

Pour troupes d'enfants :
Les filles en profitent
Révélations sur la disparition du père Noël
Le lion l'autruche et le renard
Mertilou prépare l'été
Nous n'irons plus au restaurant

Recueils :
Théâtre peut-être complet
La fille aux 200 doudous et autres pièces de théâtre pour enfants
Théâtre pour femmes

Chansons : (http://www.parolier.info)
Chansons trop éloignées des normes industrielles
Chansons vertes et autres textes engagés
Parodies de chansons - De Renaud à Cabrel En passant par Cloclo et Jacques Brel
Chansons d'avant l'an 2000
Vivre Autrement (après les ruines), l'album invisible...

Photos : (http://www.france.wf)
Cahors, 42 inscriptions aux Monuments Historiques
La disparition d'un canton : Montcuq
Montcuq, le village lotois
Cahors, des pierres et des hommes. Photos et commentaires
Limogne-en-Quercy Calvignac la route des dolmens et gariottes
Saint-Cirq-Lapopie, le plus beau village de France ?
Saillac village du Lot
Beauregard, Dolmens Gariottes Château de Marsa et autres merveilles lotoises

Limogne-en-Quercy cinq monuments historiques cinq dolmens
L'église romane de Rouillac à Montcuq et sa voisine oubliée, à
découvrir - Les fresques de Rouillac, Touffailles et Saint-Félix
Villeneuve-sur-Lot, des monuments historiques, un salon du
livre... -Photos, histoires et opinions
Henri Martin du musée Henri-Martin de Cahors - Avec visite
de Labastide-du-Vert et Saint-Cirq-Lapopie sur les traces du
peintre
Cajarc selon Ternoise

Livres d'artiste (http://www.quercy.pro)
Quercy : l'harmonie du hasard
Lot, livre d'art
Montcuq, livre d'art
Quercy Blanc, livre d'art
Montaigu de Quercy, livre d'art
Quercy : l'harmonie du hasard
La beauté des éoliennes
Golfech, c'est beau un village prospère à l'ombre d'une
centrale nucléaire
Jésus, du Quercy

Essais (http://www.essayiste.net)
Ya basta Aurélie Filippetti !
Amour - état du sentiment et perspectives
Contrairement à Gérard Depardieu, dois-je quitter la France ?
Cahors, municipales 2014 : un enjeu départemental majeur
Quand Martin Malvy publie un livre : questions de déontologie

Politique : (http://www.commentaire.info)
Ce François Hollande qui peut encore gagner le 6 mai 2012 ne
le mérite pas
Nicolas Sarkozy : sketchs et Parodies de chansons
Bernadette et Jacques Chirac vus du Lot - Chansons théâtre
textes lotois

Affaire Ségolène Royal - Olivier Falorni Ce qu'il faut en retenir pour l'Histoire - Un écrivain engagé, un observateur indépendant
François Fillon, persuadé qu'il aurait battu François Hollande en 2012, qu'il le battra en 2017

Notre vie (http://www.morts.info)
La trahison des morts : les concessions à perpétuité discrètement récupérées - Cahors, à l'ombre des remparts médiévaux, les vieux morts doivent laisser la place aux jeunes...
Cahors : Adèle et Marie Borie contre Jean-Marc Vayssouze-Faure - Appel à une mobilisation locale et nationale pour sauver les soeurs Borie...

Jeux de société
http://www.lejeudespistescyclables.com
La France des pistes cyclables - Fabriquer un jeu de société pour enfants de 8 à 108 ans
Le bon chemin pour Saint-Jacques-de-Compostelle

Divers :
La disparition du père Noël et autres contes
J'écris aussi des sketchs
Vive les poules municipales... et les poulets municipaux - Réduire le volume des déchets alimentaires et manger des oeufs de qualité
Le Martyr et Saint du 11 septembre : Jean-Gabriel Perboyre

En chti : (http://www.chti.es)
Canchons et cafougnettes (Ternoise chti)
Elle tiote aux deux chints doudous (théâtre)

Œuvres traduites (http://www.traducteurs.net)
La fille aux 200 doudous :
- *The Teddy (Bear) Whisperer* (Kate-Marie Glover)
- Das Mädchen mit den 200 Schmusetieren (Jeanne Meurtin)

- Le lion l'autruche et le renard :
- How the fox got his cunning (Kate-Marie Glover)

- Mertilou prépare l'été :
- The Blackbird's Secret (Kate-Marie Glover)

- *La fille aux 200 doudous et autres pièces de théâtre pour enfants (les 6 pièces)*
- La niña de los 200 peluches y otras obras de teatro para niños (María del Carmen Pulido Cortijo)

Chansons - Cds :
(http://www.chansons.org)
Vivre Autrement (après les ruines)
Savoirs
CD Sarkozy selon Ternoise (parodies de chansons, 2006)

Mentions légales

Tous droits de traduction, de reproduction, d'utilisation, d'interprétation et d'adaptation réservés pour tous pays, pour toutes planètes, pour tous univers.

Site officiel : http://www.ecrivain.pro

Présentation des livres essentiels :
http://www.utopie.pro

Pour en savoir plus : *Contrairement à Gérard Depardieu, dois-je quitter la France ? Exil littéraire au Burkina Faso pour les écrivains ? - Les conséquences des politiques d'Aurélie Filippetti, Martin Malvy, Gérard Miquel, François Hollande et les autres*

Dépôt légal à la publication au format ebook du **1ᵉʳ juillet 2013**.

Imprimé par CreateSpace, An Amazon.com Company pour le compte de l'auteur-éditeur indépendant.
livrepapier.com

ISBN 978-2-36541-591-0
EAN 9782365415910
Les touristes Tuent plus que les terroristes - Bonus : photos de Sylvia Pinel, ministre du Tourisme de **Stéphane Ternoise**
© **Jean-Luc PETIT - BP 17 - 46800 Montcuq - France**